DRESSUUR

Michael J. Stevens

Illustraties
Carole Vincer

Vertaling
Saskia Ven

Tirion
NATUUR

Oorspronkelijke titel: Schooling principles

ISBN 90 5210 380 1
Nugi 462

Dit boek is gepubliceerd door
Tirion Uitgevers BV
Postbus 309
3740 AH Baarn

INHOUD

Inleiding

Als je een kudde paarden in het wild bestudeert, zie je vreedzame dieren die zich op welhaast majestueuze wijze bewegen, precies zoals de natuur bedacht heeft.

Op het moment dat je een ruiter op de rug van een dezer paarden zet, blijft er vaak weinig over van die koninklijke houding. Het paard wordt belemmerd in zijn natuurlijke reactie op omgevingsfactoren en heeft zich te schikken naar de wensen van zijn berijder. Meer dan eens leidt dit tot het verlies van alle natuurlijke gratie en bewegingsvrijheid.

De kern van paardrijden wordt gevormd door het antwoord op de vraag hoe we de natuurlijke schoonheid van het paard vast kunnen houden op het moment dat we er op gaan zitten. Als je dát antwoord gevonden hebt, weet je alles. Het is de essentie van goed paardrijden en elk rechtgeaard paardenmens zal proberen dat onder de knie te krijgen.

Zit van de ruiter

De aanwezigheid van een mens op de paardenrug heeft een grote invloed op de natuurlijke houding, beweging en balans van het rijdier. Om deze storende factor tot een minimum te beperken, moet een ruiter weten hoe hij moet zitten. Zonder deze vaardigheid zal hij nooit één worden met zijn paard en zal de africhting nooit een succes worden.

Africhten

Het paard speelt al honderden jaren een belangrijke rol in onze beschaving. In de loop der eeuwen heeft dit geresulteerd in een methode van werken aan de hand en onder het zadel die als klassieke rijkunst bestempeld wordt. Klassieke rijkunst heeft tot doel om het gereden paard niet alleen zijn natuurlijke houding en bewegingspatroon terug te geven maar deze twee zelfs te verbeteren.

Het woord trainen is in dit verband niet hetzelfde als drillen. Het paard moet in zijn pogingen om aan de vraag van de ruiter te voldoen, gesteund worden door hulpen van ruiterlichaam, - benen en -handen.

Het doel van het africhten van een paard is hem de taak van het dragen van een ruiter zo licht mogelijk te maken en hem te helpen bij zijn geestelijke en lichamelijke ontwikkeling. Zijn natuurlijke aanleg is daarbij uitgangspunt: africhting mag nooit ontaarden in het geven van tegennatuurlijke opdrachten.

Omgang en training

Met beleid

Het paard is van huis uit een vluchtdier. Omdat hij niet goed toegerust is voor een vechtpartij, is hij zelden agressief. Tenzij hij bij toeval zijn enorme kracht ontdekt, zal hij deze in het algemeen niet tégen ons gebruiken. Dat neemt niet weg dat er dominante paarden zijn die niet zonder slag of stoot het gevraagde zullen uitvoeren.

Als een paard niet geleerd wordt respect te hebben voor zijn begeleider, zal het al snel de leiding overnemen en onhandelbaar worden. In de omgang met het paard moet je vriendelijk,vastberaden en eerlijk zijn. Als het dier te ruw behandeld wordt, krijgt het een hekel aan zijn trainer. Hetzelfde gebeurt als hij gedwongen wordt taken uit te voeren zonder optimale voorbereiding of dingen moet doen die boven zijn macht liggen. Een krachtmeting zal altijd in zijn voordeel uitvallen. Een goede trainer laat het niet zover komen omdat het een goede relatie tussen mens en paard in de weg staat en de verdere africhting bemoeilijkt.

Begin

De manier waarop met het paard omgegaan wordt tijdens de eerste stappen van de training is van cruciaal belang. Er wordt weleens gesproken over het 'inbreken' van het paard. Zo'n term is misschien van toepas-

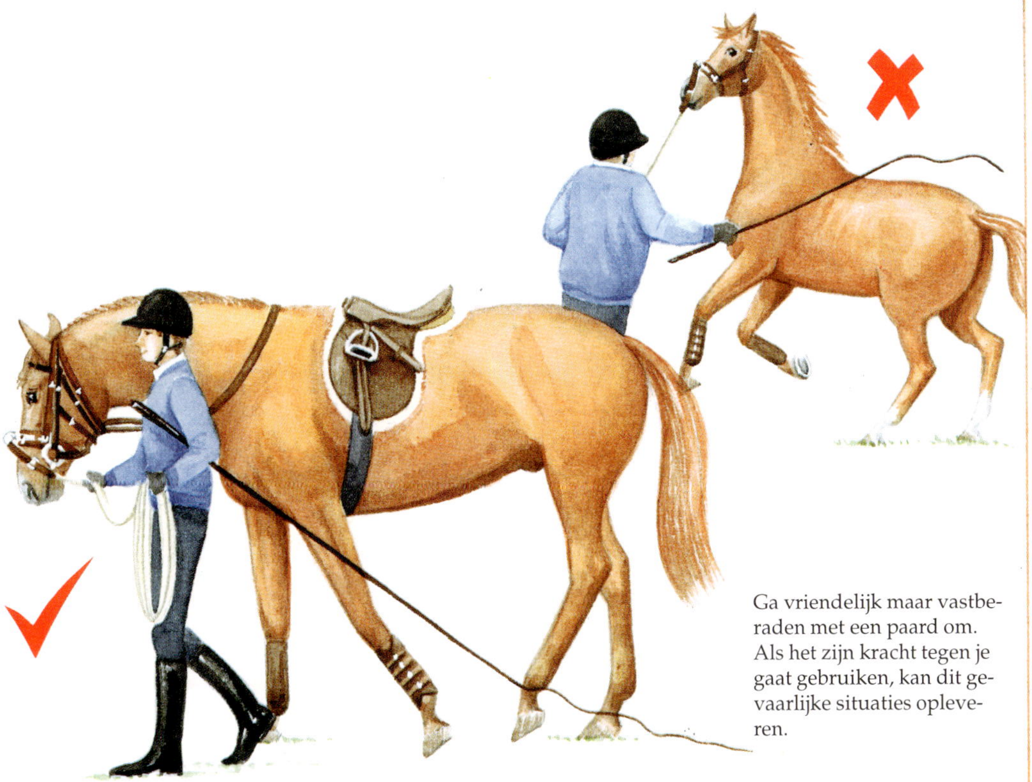

Ga vriendelijk maar vastberaden met een paard om. Als het zijn kracht tegen je gaat gebruiken, kan dit gevaarlijke situaties opleveren.

Omgang en training (vervolg)

sing op een handelaar die binnen de kortst mogelijke tijd het jonge paard verkoopklaar wil hebben, maar het heeft niets te maken met de rustige wijze waarop een klassieke trainer zijn paard op deze nieuwe levensfase voorbereidt. Je moet het vertrouwen van een paard zien te winnen, niet zijn wil breken. Het paard dient behandeld te worden als een jong kind, niet als een vijand.

Wanneer een paard eenmaal het leiderschap van zijn ruiter heeft aanvaard, zal het een vriendelijke partner zijn die graag meewerkt. Het is al eeuwenlang bekend dat methodes waarbij grote dwang wordt gebruikt niet thuishoren in de rijschool en zeker niet tot de gewenste resultaten leiden.

Opvoeding van paard en ruiter

Onwetende ruiters zullen vaak kracht gaan gebruiken op het moment dat hun kennis tekortschiet en resultaat uitblijft. Het is beter om in zo'n geval niet onbeheerst te reageren maar om het probleem te analyseren en er weloverwogen mee om te gaan. Roep daarbij eventueel de hulp van een ervaren persoon in. Als je een paard traint, is je doel hem op te voeden en hem te leren hoe hij zich correct kan bewegen. Dit is een langzaam en methodisch leerproces waarin het paard sterker wordt zonder te lijden onder spanningen en/of blessures. Zo zal hij later zwaardere oefeningen zonder moeite kunnen uitvoeren. Als de training te snel gaat en het paard

Neem de tijd om je paard zonder stress aan nieuwe zaken te laten wennen. Angst is een slechte leermeester.

Het paard moet plezier hebben in zijn werk. Na een training mag hij niet doodmoe of gespannen zijn.

overnomen wordt, loop je de kans dat hij er geen zin meer in heeft, of erger nog, er lichamelijke en/of psychische schade door oploopt.

Een vakman heeft drie tot vier jaar voor nodig om een paard af te richten. Het kan echter makkelijk tien jaar of langer duren voor iemand goed gaat rijden en nog wel langer voordat men de vaardigheden van een goed africhter onder de knie heeft. Dit is echt geen weggegooide tijd want het is leuk om te leren en daarbij een hechte band met je paard op te bouwen. Als je merendeels op door een ander afgerichte paarden stapt, mis je dat een beetje.

Gevorderde ruiters rijden hun paard voornamelijk met zit en benen en minder met hun handen. Ze gebruiken zo min mogelijk hulpmiddelen en een hoofdstel met een eenvoudig bit. Hun paarden zullen geleidelijk aan progressie maken. Minder ervaren ruiters nemen vaak hun toevlucht tot scherpe bitten en allerlei hulpmiddelen om lichamelijk overwicht op het paard te behouden. Het is niets meer dan compensatie van hun eigen onkunde. Ze hebben het paard onder controle maar bederven onbedoeld zijn gangen. Op den duur gaat het paard achteruit en is niet prettig meer om te rijden.

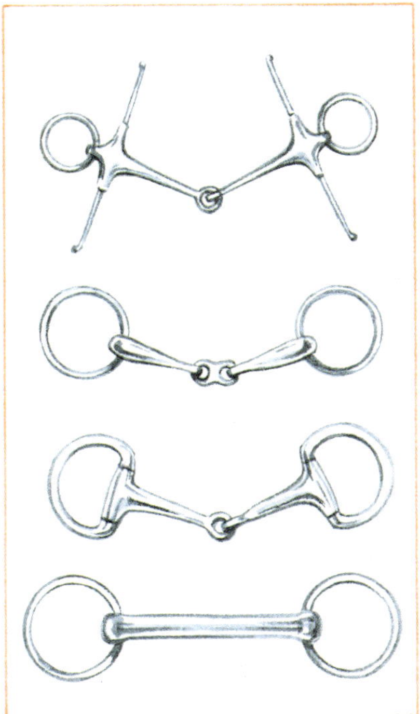

Een simpele trens is een goed africhtingsbit. Een passend trensbit heeft een milde, prettige inwerking.

Gebruik geen slofteugel. Een slof kan het paard bederven omdat het gedwongen wordt in een onnatuurlijke houding te lopen.

Ontspanning

Bewegen zonder spanning

Een paard kan pas op zijn ruiter letten en ontspannen lopen als het geen last heeft van geestelijke of lichamelijke spanning. Met lichamelijke ontspanning bedoelen we niet slap of sloom maar meer het ontbreken van spanning en weerstand. Het paard moet immers fit zijn en heeft spierkracht nodig om zijn werk zonder bovenmatige inspanning te kunnen doen.

Een gespannen paard is wellicht minder volgzaam en zal met tegenzin naar zijn ruiter luisteren. Zo'n paard is minder ontvankelijk voor de ruiterhulpen dan een ontspannen paard dat op zijn ruiter let.

Zoek altijd de oorzaak van de spanning op. Denk daarbij aan bijvoorbeeld slechtpassend tuig. Of aan een minder handige ruiter waardoor het paard zich hard maakt om aan het onaangename gevoel te ontkomen. Een paard heeft een uitstekend geheugen en is een gewoontedier. Als hij een slechte ruiter op zijn rug gehad heeft, zal hij dat onthouden en een volgende keer misschien gespannen zijn in afwachting van een vervelend gevoel.

Een paard zal zich van nature niet lichamelijk uit gaan sloven voor ons. Soms betekent dit dat hij zich spant om zo onder het werk uit te komen.

Kalmeren

Een paard kan tot rust gebracht worden door hem over de hals te strijken, meer teugellengte te geven en hem sussend toe te spreken. De teugels heel kort maken of gaan trekken heeft het tegenovergestelde effect.

Vrije stap aan een lange teugel brengt een opgewonden paard tot rust. Ook de ruiter profiteert hiervan.

In een arbeidstempo draf of galop kan je controleren of het paard ontspannen is. Wanneer je geleidelijk aan het paard wat meer lengte toestaat, moet hij zijn hoofd en hals voorwaarts-neerwaarts brengen. Als het paard dit niet doet, is het niet ontspannen. Deze controle kan je altijd toepassen, of je nu op een pas aangereden of een doorgereden schoolpaard zit.

Een gespannen, weerspannig paard willen africhten, heeft geen zin. Ontspanning is de basis voor het verdere werk.

Door simpelweg over de manenkam te strijken, help je je paard te ontspannen.

TE KORTE TEUGELS

NORMALE TEUGELLENGTE

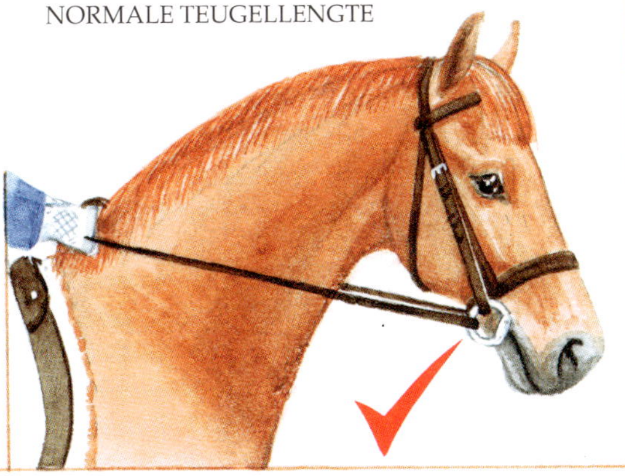

Een ruiter die zijn teugels strak vasthoudt, geeft het paard niet de gelegenheid te ontspannen. De teugels moeten het paard niet tegenhouden maar hem toestaan de hals uit te leggen. De juiste lengte van de teugels wordt bepaald door de afstand tussen bit en hand bij een niet afgedwongen, natuurlijke houding van het paard.

VRIJE STAP

Na intensief werk vloeit eventuele spanning door een vrije stap aan de lange teugel af. Als het paard ontspannen is, kan hij ook in galop aan een lange teugel gereden worden.

GALOP AAN EEN
LANGE TEUGEL

Balans

Een paard dat in balans gaat, is in staat zich ondanks het ruitergewicht in evenwicht voort te bewegen, ook bij verandering van richting of tempo.

Gewichtsverdeling

Jonge paarden hebben vaak moeite hun evenwicht te vinden. Ze zoeken naar de juiste gewichtsverdeling tussen voorhand en achterhand.

Als het paard wat meer gewend is aan het ruitergewicht kan het meer in balans blijven. Het gewicht wordt beter verdeeld over voor- en achterhand en hoofd en hals zwaaien minder op en neer.

Paarden lopen 'op de voorhand' als ze problemen hebben om met het gewicht op achter te blijven. Ze gaan dan steeds harder lopen om hun evenwicht te bewaren, soms is het bijna onmogelijk om ze terug te laten komen.

Een paard dat in balans gaat, kan terugkomen op het achterbeen, ook als hij in een hoger tempo loopt. Zo'n paard kan in het gewenste tempo lopen met een licht teugelcontact zonder dat de ruiter het tempo constant onder controle moet houden.

Een paard dat niet in evenwicht loopt, zal als het ware op de voorhand een wending in vallen en veelal versnellen om zijn balans te bewaren. Een paard in balans blijft opgericht en heeft zijn snelheid onder controle.

Spanning en stijfheid verstoren de balans; in zo'n geval moet het paard eerst tot ontspanning gebracht worden alvorens het evenwicht hersteld kan worden.

Een paard dat niet in evenwicht gaat, maakt veel bewegingen met hoofd en hals. Dit resulteert in een onrustige aanleuning of zelfs onregelmatige gangen.

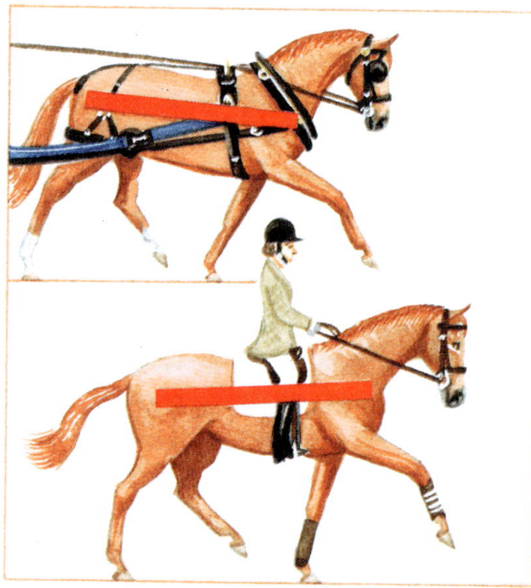

In het aangespannen werk neemt het paard gewicht op de schouders. Een rijpaard moet het gewicht duidelijk naar achteren over brengen.

Halve ophouding

Er zijn heel wat oefeningen die het paard leren om beter in evenwicht te gaan door het gewicht op de achterhand over te brengen. Een van de meest belangrijke oefeningen is de halve ophouding.

Als het paard op de juiste manier terugkomt in tempo of halthoudt, buigt hij de gewrichten in zijn achterbenen zodat de voorwaartse beweging omgezet wordt in draagkracht. Als we het paard dus zo terug laten komen, zijn we bezig hem beter in evenwicht te brengen.

Een hele ophouding (halthouden) betekent een onderbreking van de beweging en is daarom minder praktisch in de training dan de halve ophouding. Bij een halve ophouding laat de ruiter een aanzet maken tot halthouden maar op het moment dat het paard terugkomt, rijdt hij hem weer voorwaarts. De beweging die op deze halve ophouding volgt, zal altijd beter in balans zijn.

De term 'halve ophouding' wordt tegenwoordig veel gebruikt voor het nauwelijks waarneembare weer in balans brengen van het paard, niet voor het terugrijden richting halthouden.

Verruimen en verkorten

Het verlengen en verkorten van de passen is een andere nuttige oefening om de balans te verbeteren. Als de ruiter vraagt of het paard kortere passen wil maken, is dat niet een kwestie van zwaarder teugelcontact nemen om het paard langzamer te laten gaan want dan kan hij zijn gewrichten niet goed inbuigen. De ruitermoet zó zitten en beenhulpen geven dat het paard korter maar verhevener gaat lopen waarbij de achterbenen duidelijk ondergebracht blijven worden.

Bij het halthouden zakt de achterhand en verbetert de balans.

Door het paard te laten verruimen en verkorten, verkrijg je een betere balans.

Balans (vervolg)

Voltes en wendingen

Het rijden van wendingen en voltes is een uitstekende manier om de achterhand sterker te maken omdat het binnenachterbeen gedwongen wordt te buigen en meer gewicht te dragen.

Zijgangen

Dit zijn oefeningen die eeuwen geleden al ontwikkeld zijn. Ze hebben tot doel het paard soepeler te maken en zijn achterhand sterker te maken zodat het paard makkelijker gewicht op kan vangen op de achterbenen. Deze oefeningen zijn effectiever dan het rijden van voltes en wendingen maar kunnen pas aan het paard gevraagd worden als hij een goede basisopleiding heeft gehad.

Bij de schouderbinnenwaarts brengt de ruiter de voorhand van de hoefslag zó dat het binnenachterbeen in de richting van het zwaartepunt wordt gebracht waardoor dit been verder gebogen en belast wordt dan bij rechtuit rijden het geval is. Met deze gymnastiserende oefening wordt het spronggewricht van dit been sterker gemaakt.

Bij de travers zet de ruiter de achterhand naar binnen zó dat het buitenachterbeen achter het zwaartepunt geplaatst wordt. Travers heeft vooral invloed op het kniegewricht van het buitenachterbeen.

Bij een appuyement beweegt het paard diagonaalsgewijze naar voren en opzij en is gebogen in de richting waarin hij gaat. Hij kruist zijn buitenachterbeen vóór zijn binnenachterbeen waardoor het buitenste heupgewricht getraind wordt.

Als deze drie oefeningen op beide handen worden gereden, worden alle belangrijke gewrichten van de achterbenen getraind en de spieren sterker gemaakt, hetgeen de balans zeker ten goede komt.

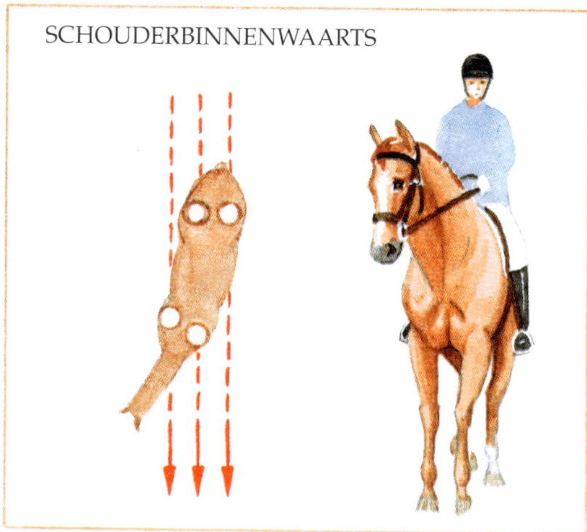

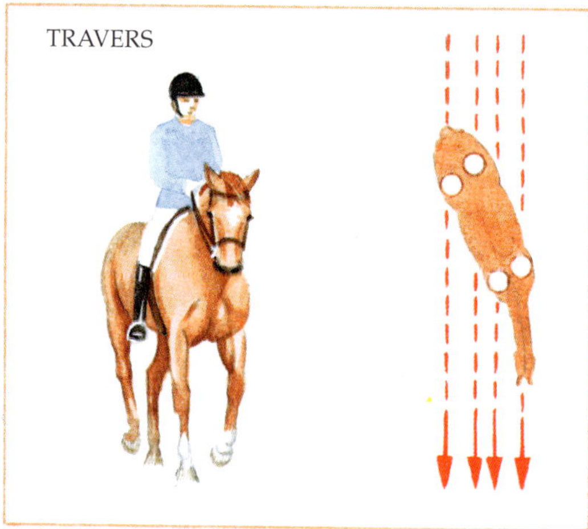

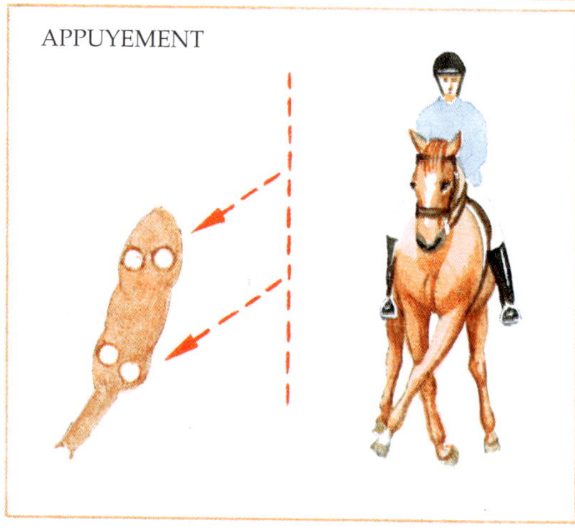

Regelmaat

Een paard met regelmaat in zijn gangen is prettig te rijden. Een paard dat steeds van ritme verandert, is minder aangenaam te rijden, bovendien ziet het gangwerk er niet mooi uit.

Omschrijving

Ritmische regelmaat wordt bereikt als de tijdsinterval tussen het begin van iedere pas en de daaropvolgende pas constant blijft.

Het ritme mag niet veranderen wanneer het paard in dezelfde gang van tempo verandert. Als hij 'sneller' gaat, hoort hij in hetzelfde ritme ruimere passen te maken zonder dat zijn benen sneller gaan bewegen. Wanneer hij 'langzamer' gaat, moet hij kortere, verhevener passen maken zonder zijn benen langzamer te bewegen.

Als een paard geen zin heeft om zijn achterbenen extra te gaan gebruiken, zal hij vaak proberen eronderuit te komen door te versnellen.

In een lager tempo wordt het paard eerder uitgenodigd om over de rug te gaan en zijn hele lichaam te gebruiken. Als hij zo beweegt, is hij weer ontvankelijker voor de hulpen. Meestal is een paard dat in een lager tempo werkt ook aantrekkelijker om naar te kijken.

Het ritme regelen

Een paard dat onregelmatig beweegt, heeft vaak een verstoorde balans. In dat geval moet daar extra aandacht aan geschonken worden.

Als een ruiter zijn paard vraagt te verruimen of te verkorten, moet hij er goed op letten dat hij met zijn eigen lichaam ook het ritme vasthoudt. Dat is alleen mogelijk als de ruiter een goede zit heeft en méé zit in de beweging.

Wanneer een paard probeert het tempo te verhogen, kan de ruiter het ritme herstellen met behulp van een halve ophouding.

IJLEN: korte, snelle pasjes.

RITME: overgang naar een hoger tempo.

Voorwaartse drang en impuls

Juiste hoeveelheid energie

Een paard dat makkelijk te rijden is, is energiek voorwaarts zonder dat zijn ruiter hem bij iedere pas moet drijven. Een paard moet ook niet zo ijverig zijn dat de ruiter het gevoel heeft hem de hele tijd in te moeten houden. Een ruiter moet het tempo kunnen verhogen met een drijvende hulp, niet door het paard 'minder tegen te houden'.

Voorwaartse drang is een natuurlijk gegeven voor een paard maar uiteraard bestaan hierin vele gradaties. Bij dressuurruiters zijn warmbloedpaarden geliefd omdat ze van nature meer voorwaarts zijn en dus makkelijker te trainen en te rijden.

De ruiter kan invloed uitoefenen op het voorwaarts zijn van zijn paard, bijvoorbeeld door hem sneller voor het been te maken middels het rijden van veel overgangen.

Een terughoudend paard

Als een paard het onprettig vindt om te werken, zal hij niet zo voorwaarts zijn en wellicht de ruiterhulpen negeren. Hij mag niet gestoord worden bij het dragen van zijn ruiter, dus het is heel belangrijk dat deze de beweging van de paardenrug kan volgen zonder in het zadel op en neer te stuiteren.

Een fris paard

Een overdaad aan looplust kan liggen aan een temperament dat niet in de juiste banen geleid is, aan teveel krachtvoer of aan te weinig beweging. Allemaal factoren waar de ruiter iets aan kan doen. Opwinding kan natuurlijk ook veroorzaakt worden door spannende omstandigheden. Het is zaak om daar op de juiste wijze mee om te gaan.

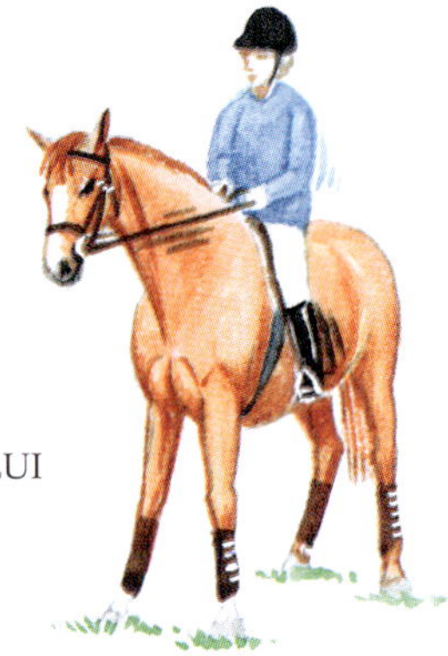

LUI

Paarden met teveel of te weinig energie kunnen hun ruiter in problemen brengen. Een prettig temperament verhoogt het rijplezier.

BOKKEN

GEHOORZAAM

Impuls

Impuls is de energie van het paard - in combinatie met kracht - die opgewekt maar ook gecontroleerd wordt door de ruiter.

Een weerstandbiedende hand kan een ongeduldig trekpaard zo tegenhouden dat hij op de plek blijft bewegen. Dan is er sprake van veel impuls.

Een renpaard heeft heel veel energie maar deze wordt omgezet in snelheid en wordt niet in die zin onder controle gehouden. Snelheid en impuls is niet hetzelfde.

Als een paard in onbalans sneller gaat lopen als hem gevraagd wordt te verruimen, spreken we niet van impuls. Dit paard kan geen overgang maken van stap naar galop, het moet eerst gaan draven. Een paard met heel veel impuls daarentegen kan vanuit stilstand aangalopperen.

Om met impuls te kunnen lopen, heeft een paard kracht nodig in de achterbenen maar ook in de bovenlijn, in combinatie met een verwerkbare drang voorwaarts. Je kan alleen impuls verkrijgen op het moment dat het ontspannen, in balans, met ritme en regelmaat loopt.

Zonder impuls is het onmogelijk om zwaardere oefeningen uit te voeren. Een ruiter moet altijd proberen impuls op te wekken en ervoor zorgen dat het paard deze energie niet omzet in louter snelheid.

Om passage te tonen heeft een paard impuls nodig - een langzaam vrijkomende, gecontroleerde energie. Een ongeduldig trekpaard heeft meer impuls dan een renpaard.

Buiging en souplesse

Vanuit het perspectief van de ruiter is een soepel paard te prefereren boven een paard dat stroef beweegt. Het paard echter zit ook niet echt te wachten op een stijve ruiter maar heeft de voorkeur voor een lenige ruiter die hem volgt in zijn beweging.

Een paard kan stijf worden doordat het gestoord wordt door de ruiter of door andere oorzaken. Te weinig gymnastiseren bijvoorbeeld heeft onderontwikkelde spieren tot gevolg of gewrichten die niet soepel functioneren. Om je paard lenig te houden, zal je toch op een of andere manier gymnastiek met hem moeten doen.

Het doen van buigoefeningen verbetert de souplesse van het paard. Het is de beste manier om spieren op te rekken en gewrichten te buigen.

Een paard kan niet alleen naar links en naar rechts buigen, zoals in een wending, maar ook door de bovenlijn op te spannen als een boog zoals bij het verkorten en weer verruimen van de paslengte. Deze twee manieren van buigen moeten beiden aan bod komen tijdens de training.

Laterale buiging

Er zijn heel wat manieren om je paard lateraal (zijdelings) te laten buigen. Dat kan door het rijden van figuren als de volte, slangenvolte, volte verkleinen of vergroten of een grote acht. Zijgangen zijn in dit opzicht ook heel nuttig.

Hoeveel een paard kan inbuigen is afhankelijk van de graad van africhting. Jonge paarden mogen nog geen scherpe wendingen of kleine voltes maken. Verlangt de ruiter dat toch dan bestaat het gevaar dat het paard kort gaat lopen, zijn ritme verliest of scheef wordt.

Het zijwaartse buigen is aan grenzen gebonden. Een gevorderd paard hoeft nooit een kleinere volte te rijden dan zes meter, dat betekent dat de straal ongeveer gelijk is aan de lengte van het paard.

Nog een manier van buigen

Bij oefeningen om de rug te laten welven krijgt het paard de gelegenheid zijn li-

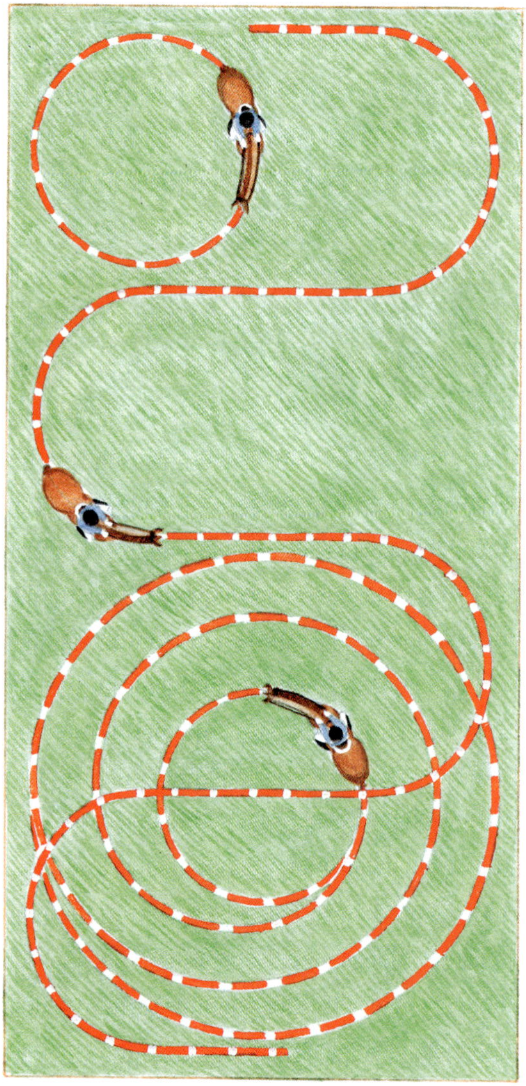

Voorbeelden van figuren waaraan laterale buiging te pas komt.

chaam te strekken en zijn rug te laten veren. Ze zorgen tevens voor een beter buigen en strekken van de gewrichten in het achterbeen waardoor de achterhand meer gewicht kan gaan dragen.

Deze oefeningen zijn te verdelen in twee groepen. In het eerste geval staat de ruiter toe met de hand waardoor het paard hoofd en hals kan strekken en langer wordt in het frame. Dit kan in stap, draf of galop gebeuren, ook tijdens het rijden van figuren of zijgangen.

In het tweede geval verandert het frame van het paard niet maar wordt hem gevraagd zijn passen te verkorten of te verlengen. Ook dit kan tijdens het rijden van figuren of zijgangen gevraagd worden.

Naarmate een paard verder in de africhting komt, verbetert zijn vermogen tot verruimen en weer verzamelen.

Oefeningen als achterwaarts gaan of directe overgangen als van draf naar halthouden of van stap naar galop hebben eveneens invloed op het welven van de rug en beter onderbrengen van de achterhand.

Kracht en souplesse hangen nauw met elkaar samen. Een soepel paard kan zwaardere oefeningen uitvoeren waardoor de spieren weer getraind worden.

Een ruiter die steeds weer terug kan grijpen op de basis, zijn paard op beide handen evenveel laat werken en een logische opbouw in de training aanbrengt, zal uiteindelijk een soepel en los door zijn lichaam bewegend paard krijgen. Souplesse is een goede graadmeter voor het succes van de africhting.

VAN HALTHOUDEN NAAR DRAF

Een oefening als aandraven vanuit stilstand heeft invloed op het beter onderbrengen van de achterhand.

Door geleidelijk toe te staan met de hand, nodigt de ruiter zijn paard uit tot langer worden in het frame.

Rechtgericht

Natuurlijke scheefheid

Net als mensen zijn paarden zelden helemaal recht. Ze hebben altijd een voorkeurskant. Ze belasten meestal beide achterbenen niet in gelijke mate waardoor ze scheef gaan lopen.

Scheefheid kan op allerlei manieren tot uitdrukking komen:

- aan een kant meer druk op het bit nemen dan op de andere kant
- over de schouder vallen
- hoeken afsnijden om het zwakkere achterbeen te ontzien
- een voorkeur hebben voor een bepaalde galop
- zijgangen gaan op de ene hand makkelijker dan op de andere hand

Rechtrichten van het paard

De ruiter moet altijd zorgen dat de voorhand voor de achterhand geplaatst blijft. Het paard mag niet aan één kant vasthouden.

Er zijn heel wat oefeningen mogelijk om het paard rechter te maken. Met name buigoefeningen werken prima. Zonder deze oefeningen zal een paard nooit recht worden.

Zijgangen kunnen zwakke gewrichten sterker maken. Een overgang naar galop kan helpen het zwakke achterbeen te trainen. Zo kan je het linkerachterbeen sterker maken door aan te springen in de rechtergalop.

Een rechtgaand paard stapt met zijn achterbenen in de hoefafdruk van de voorvoeten.

Een rechtgericht paard kan even makkelijk links- als rechtsom werken.

Aanleuning

Licht en constant

Het paard presteert het best als hij zich lekker voelt en niet onder grote druk staat. Het contact tussen paardenmond en ruiterhand, de aanleuning, hoort dus zo licht mogelijk te zijn. De teugeldruk moet uitgedrukt worden in onsjes, niet in kilo's.

Het is niet mogelijk om een paard zonder aanleuning te rijden, want hoe leer je hem dan om meer gewicht op achter te gaan dragen? Er moet verbinding zijn met de mond om het paard van achteren naar voren te kunnen rijden.

Om meer gewicht op de achterhand te kunnen dragen, moeten de spieren harder werken. Zo'n extra inspanning levert het paard niet uit zichzelf. Als de ruiter met losse teugel rijdt, zal hij proberen onder diens zit- en beenhulpen uit de komen.

Op het moment dat de ruiter erin slaagt de achterhand aan het werk te zetten, verbetert de balans van het paard, zal het opgerichter gaan lopen waardoor de aanleuning lichter wordt en de ruiter met een wat kortere teugel kan gaan werken. Met de juiste hoeveelheid drijvende hulpen, kan de ruiter deze lichte aanleuning vasthouden.

De ruiter streeft altijd naar een constante aanleuning. Dat kan alleen als je goed zit en met rustige hand rijdt. Als dit laatste niet lukt, kan je proberen je handen op de voorkant van het zadel te plaatsen. De handhouding wordt dan stabieler waardoor het paard eerder verbinding wil nemen.

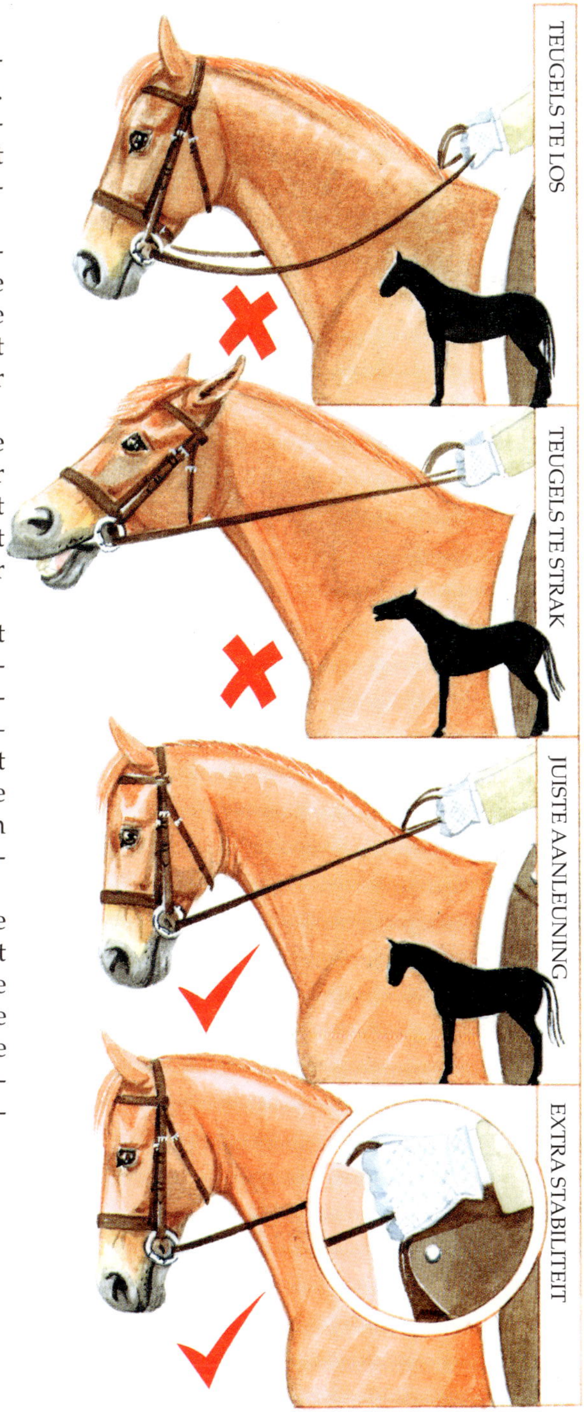

Aanleuning (vervolg)

Hoofd-/halshouding

Het paard moet met een constant, licht teugelcontact gereden worden, zodat de manier waarop hij het hoofd draagt, aangeeft hoe hij zijn lichaamsgewicht verdeelt.

De teugels mogen nooit gebruikt worden om het hoofd op te tillen of het in de juiste houding te dwingen. Een correctie begint bij het eronder drijven van de achterhand zodat het gewicht teruggebracht wordt. Alleen dan kan het paard rijzen in de voorhand en een betere houding aannemen.

Als er teveel druk op de teugels staat, is het paard nog niet voldoende in balans om de gevraagde houding vast te houden. Bij het rijden met losse teugels komt het paard niet bij elkaar en is niet volledig onder controle.

Een paard gebruikt van nature zijn hoofd en hals om in evenwicht te blijven. Als de ruiter met grote teugelspanning gaat rijden, krijgt het paard daar moeite mee. Teugeldruk beïnvloedt ook de achterhand: teveel tegenhouden aan de voorkant, belemmert het doortreden van de achterbenen.

Verbinding zoeken

Een basisregel is dat het paard contact zoekt met het bit. Als de ruiter toestaat met de hand, is het de bedoeling dat het paard de hand volgt in een poging weer contact te maken. Dat lukt niet door de teugels steeds korter te nemen: het paard moet naar de ruiter komen, niet andersom.

Bij een lichte aanleuning kan het achterbeen doortreden.

Teveel druk op de teugel, belemmert de beweging.

Het paard moet de hand volgen.

Zichzelf dragen

Naarmate een paard verder getraind is, zal het zichzelf meer gaan dragen. Dat betekent dat hij in staat is, zijn hoofd en hals op de juiste hoogte te houden zonder dat hij daarbij steun zoekt op de hand van de ruiter.

Het is mogelijk om af en toe te testen of het paard zichzelf draagt door de hand even naar voren te steken en te zien of het paard in de gevraagde houding blijft lopen.

Wenden en halthouden

Bij het wenden of halthouden wordt gebruik gemaakt van de teugels, echter zonder eraan te trekken. Een paard dat met geweld tot wenden of halthouden gedwongen wordt, zal dat nooit soepeltjes doen.

Bij het rijden van een wending of een volte, buigt het paard zijn lichaam in de richting van de wending en draagt wat meer met zijn binnenachterbeen.

De teugels worden gebruikt in samenspraak met de zit- en beenhulpen. De binnenteugel blijft hierbij passief, deze geeft alleen de richting aan. De buitenteugel staat het paard toe aan die zijde wat langer te worden en de beoogde richting in te slaan. Hoe scherp de wending wordt, hangt dus af van de mate waarin de ruiter de buitenteugel geeft.

Als een paard niet makkelijk buigt, kan het weleens helpen overdreven toe te staan met de buitenteugel. Bij een verder doorgereden paard laat het binnenbeen van de ruiter het spronggewricht binnenachter buigen en draagt het binnenachterbeen meer gewicht waardoor het paard lengtebuiging aan kan nemen. Het is dan niet nodig om meer toe te staan met de buitenteugel. Door de buitenteugel er gewoon rustig aan te houden, zal het paard wat lichter worden op de binnenhand.

WENDEN

Een wending wordt niet gemaakt door aan de binnenteugel te trekken.

HALTHOUDEN

Teugels zijn geen handrem. Bij het halthouden houdt de ruiter de teugels eraan en rijdt met zijn zit de achterhand eronder.

Verzameling

Een verzameld paard is gehoorzaam en aan de hulpen. Hij maakt gebruik van geconcentreerde energie zodat hij meteen en moeiteloos kan uitvoeren wat de ruiter van hem vraagt.

Wat is verzameling?

Je zou kunnen zeggen dat verzameling het ultieme doel is van rijden omdat in de verzameling alle gewenste kwaliteiten van het rijpaard tot uiting komen. Een juiste verzameling maakt het paard extra prettig te rijden en kan de ruiter het gevoel geven dat hij echt één is met zijn paard.

Waar het om gaat bij de verzameling, is dat het paard het meeste gewicht op de achterhand draagt. Verzameling heeft dus alles te maken met balans, zonder balans geen verzameling.

Door in toenemende mate sprong-, knie- en heupgewrichten te buigen en het bekken te kantelen, wordt het paard ronder in de onderrug. De croupe zakt en de voorhand komt omhoog.

Als je het paard van opzij bekijkt, lijkt het korter te worden. Zijn hals welft opwaarts, hij buigt in de nek zodat zijn neuslijn bijna verticaal wordt. Hij maakt korte, verheven passen, in een mooie kadans. Hij is los door zijn hele lijf en beweegt lichtvoetig.

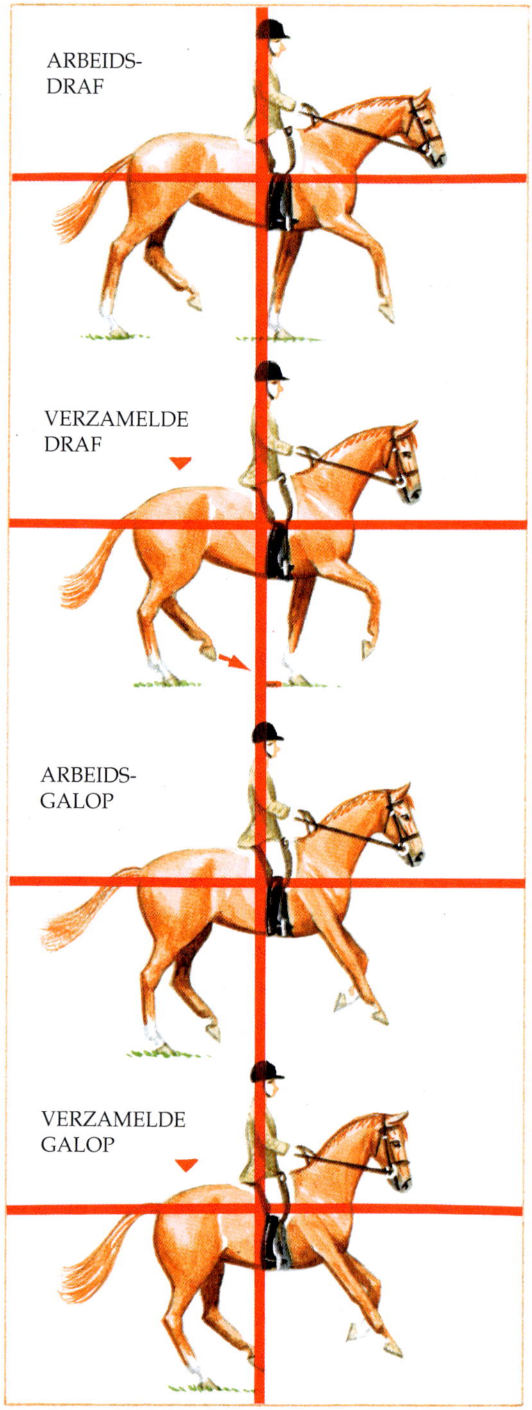

Tot verzameling komen

Als men tot verzameling wil komen, zal de basis van de dressuur in orde moeten zijn. Het paard moet ontspannen en in balans lopen, rechtgericht zijn met evenveel teugelcontact links als rechts en zich met impuls en regelmaat voortbewegen.

Hulpen voor de verzameling

Verzameling komt niet vanzelf. Er zijn ruiters die proberen het voor elkaar te krijgen door aan de teugels te trekken waardoor het paard aan de voorkant korter wordt. Dat heeft geen enkele zin en gaat ten koste van de lichtheid in de voorhand. Er is geen manier om de optimale verzameling heel snel te bereiken, het kost gewoon tijd.

De ruiter houdt rustig de hand eraan om te voorkomen dat het paard sneller gaat of langer wordt en gebruikt zit- en beenhulpen om het paard zijn gewrichten nog meer te laten gebruiken en het gewicht naar de achterhand over te brengen. Zodra het paard reageert, zorgt de ruiter dat de druk afneemt.

Maximale verzameling

De maximale verzameling in draf komt tot uiting in de piaffe, wanneer het paard op de plaats draaft. In galop kan een paard een pirouette uitvoeren, een wending van 360 graden.

Omdat de stap van nature een gang is met minder impuls, is het uitvoeren van een correcte verzamelde stap heel moeilijk en derhalve ook een oefening alleen voor gevorderde ruiters.

PIAFFE

GALOPPIROUETTE

Drie niveaus

De klassieke dressuur bestaat uit wat men noemt de drie 'scholen'. De eerste twee niveaus zijn voor alle rijpaarden bereikbaar. Het derde stadium van africhting is voorbehouden aan getalenteerde dressuurpaarden.

Recht vooruit rijden

Het eerste stadium begint meestal in het vierde levensjaar van het paard en duurt ongeveer een jaar.

Het paard mag pas bereden worden als het correct aan de longe kan gaan en daarbij kalm en gehoorzaam is. Het paard wordt vervolgens in lange rechte lijnen en in ruime wendingen gereden. Het gaat erom dat het paard gehoorzaam aan de hulpen wordt en kalm maar energiek voorwaarts blijft gaan. Bovendien moet hij lichamelijk zo sterk worden dat hij de eisen van het volgende trainingsniveau aan kan.

Campagne School

Een ervaren trainer heeft zo'n twee jaar nodig voor deze periode maar de meeste paardeneigenaren doen er langer over.

Het paard wordt meer verzameld. Oefeningen als kleine voltes, scherpe wendingen, zijgangen, directe overgangen en galopwissels horen tot deze training.

Het hoofddoel is het verkrijgen van een wendbaar rijpaard dat makkelijk en prettig te rijden is.

Hoge School

Het hogeschoolrijden gaat verder dan het functionele aspect van rijden en begint meer op kunst te lijken. Er zitten spectaculaire oefeningen bij die heel leuk zijn om te rijden.

Zonder een gedegen basis geen hogeschool: het paard moet ver doorgereden zijn.

Hogeschoolonderdelen worden verdeeld in 'scholen op de aarde' en 'scholen boven de aarde'. In het eerste geval bedoelt men alle moeilijke oefeningen die in een Grand Prix proef gevraagd worden: piaffe, passage, galoppirouettes en de serie galopwissels.

Scholen boven de aarde worden zo genoemd omdat het paard met beide voorbenen van de grond komt. Alleen buitengewoon hiervoor getalenteerde paarden kunnen dit werk laten zien.

De paarden wordt alleen gevraagd om sprongen te doen waar ze natuurlijke aanleg voor hebben. Bij de capriool, hieronder te zien, springt het paard in de lucht en slaat de achterbenen uit tijdens de sprong.